성공하는 창업의 기술

성공하는 창업의 기술

신 세 룡

남두도서

책머리에서

어떤 일을 잘하는 사람들은 그들의 능력이 선천적으로 타고난 재능 때문일 수도 있고, 후천적인 노력의 결과일 수도 있다. 그리고 사회의 각 분야에서 성공하는 사람들은 자신이 가진 능력을 최대한 발휘할 수 있는 일을 찾아서 자기만의 방법으로 끊임없이 노력하는 사람들이다.

다른 일과 마찬가지로 창업에도 타고난 능력이 있는 사람들이 있다. 예를 들어, 계산이 보통 사람보다 월등히 빠른 사람, 말솜씨가 좋아서 고객들을 감동시킬 줄 아는 사람, 탁월한 리더십으로 조직을 잘 관리하는 사람도 있다. 그런 사람들은 자신의 재능을 밑천으로 창업을 하면 남들보다 쉽고 빠르게 성공할 수 있을 것이다. 그러나 그런 재주를 타고난 사람들만 창업을 하는 것은 아니다. 창업은 하고 싶어서 하는 경우도 있지만 하는 수 없이 해야만 하는 경우도 많다.

만약 우리가 창업에 성공할 수 있는 기질이나 재능을 타고나지는 못했지만 창업을 하고 싶거나, 혹은 창업을 해야만 하는 상황에 있다면 성공할 수 있는 '창업의 방법'들을 배워야 한다.

그럼 그런 방법들은 어디서 어떻게 배울 수 있을까?

경제적으로나 시간적으로 여유가 많다면 대학이나 창업전문 교육기관 등을 통해서 배울 수도 있겠지만, 이미 창업에 성공한 사람들의 경험을 통해서 배우는 노하우 역시 창업을 준비하는 사람들에게는 창업과정에서 또는 창업 후에 경험하게 될 많은 시행착오를 줄일 수 있는 좋은 처방이 될 수 있다.

그래서 이 책은 전국에서 창업에 성공한 사람들과 창업컨설턴트, 창업기업을 직접 관리하고 지원하는 창업보육센터 매니저들이 말하는 창업성공비결 열다섯 가지를 담고 있다.

비록 짧은 단락으로 구성된 책이지만 어느 부분에서는 성공 창업자들의 삶이, 또 어느 부분에서는 창업을 준비하고 있는 사람들에게 전하는 창업성공의 열쇠가 담겨져 있다.

아무쪼록 창업을 준비하시는 많은 분들, 특히 소자본으로 창업하여 가족들의 생계를 책임져야하는 가장家長들이 이 책을 통해서 창업을 하면서 겪을 수 있는 많은 실수들을 줄이고, 좀 더 빨리 자신의 창업에 성공할 수 있도록 밀알 같은 도움이나마 될 수 있기를 간절히 바래본다.

이 책이 세상에 나오기까지 애써 주신 모든 분들께 감사드린다.

차 례

03

성공하는 열다섯 가지 창업의 기술

01

창업을 하려면 어떤 준비들을 해야 하는가?

어느 식당에 갔더니 점심시간임에도 불구하고 한산하다. 주인은 "요즘 같은 불경기가 없다"고 말한다. 그러나 같은 종류의 인근 식당에는 앉을 자리가 없을 만큼 손님들이 많다. 과연 그 차이는 뭘까? 같은 식당을 창업해도 누구는 성공하고 누구는 실패한다. 왜 그럴까?

대학생들이 졸업을 한 후에 직장을 구하기 위해서 많은 준비를 한다. 요즘은 어학연수를 통해서 영어, 일본어 등 외국어 실력을 익히고 컴퓨터 학원도 다니며 자격증도 딴다. 남이 창업해놓은 직장에 가서 일을 하기 위해서 하는 준비들이다.

만약 본인이 직접 창업을 생각하고 있다면 더 많은 준비과정이 필요하다. 왜냐하면 창업을 하게 되면 모든 것을 스스로 만들어가야 하기 때문이다. 사업의 준비도 운영도 본인이 해야 한다. 그래서 창업은 직장생활보다 훨씬 어렵고 힘들다.

그럼 창업을 하기 위해서는 어떤 준비들을 어떻게 해야 할까?

창업을 하려면 먼저 '아이템'이 필요하다. 그러나 좋은 아이템을 선정하기란 쉽지가 않다. 주위를 둘러보면 돈이 잘 벌리는 일들은 남들이 벌써 다하고 있고, 돈이 되지 않거나 하기 어려운 아이템들만 남아 있다.

예를 들어, 옛날에는 아파트 단지가 생기면 주변상가에 으레 들어서는 것이 '비디오 대여점'이었다. 하지만 요즘은 대형 아파트 상가에도 비디오 대여점을 찾아보기가 어렵다. 왜냐하면 각종 케이블 방송에서는 극장에서 개봉한 지 얼마 되지 않는 영화를 방영해주기 때문에 비디오를 빌려보는 사람들이 그만큼 적어졌다. 심지어 젊은 층에서는 인터넷을 통해서 비디오로 출시되기도 전에 이미 해외 극장 개봉영화를 보는 경우도 있다.

미용실의 경우도 몇 년 전까지만 해도 '여성 전문직'으로서 각광을 받았으나, 요즘은 경쟁이 심하다보니 그것도 옛말이 되어버렸다.

그렇다고 해서 창업에 대한 희망이 없어진 것은 아니다. 과거에 유망하던 각종 창업아이템들이 사라지듯이 새롭게 떠오르는 아이템의 종류도 그만큼 늘어나고 있다. 그런 아이템들은 국내외의 각종 '창업박람회'나 '아이디어 제품 전시회' 등을 통해서 찾으면 된다. 또한 현재 창업을 고려중인 입지와 비슷한 지역을 찾아 다른 사람들이 성공적으로 하고 있는 창업아이템을 따라 해볼 수도 있다.

적절한 창업 아이템을 찾고 나서는 창업을 실행할 수 있는 '자금'을 마련해야 하다. 요즘은 어떤 창업이든 온라인을 기반으로 하지 않는 경우는 건물 임대료, 인테리어 비, 홍보비 등의 명목으로 많은 초기자금이 소요된다. 또한 창업 초기에 바로 수익을 내는 경우가 드물기 때문에 운영비도 따로 여유자금으로 준비해두어야 한다. 그러나 자금을 충분히 가지고 창업을 하는 사람들은 많지 않다. 국가에서는 이런 창업자들을 위해서 여러 가지 형태로 정부자금을 지원해주고 있으며, 이용 가능한 자금에 대한 정보는 관련 기관의 홈페이지를 통해서 누구나 쉽게 이용할 수 있다.

일반적으로 창업에 소요되는 자금은 창업자의 처음 계산보다 보통 1.5배 정도가 더 든다. 또한 많은 창업자들이 초기에 자금을 투자하고 운영비는 나중에 벌어들인 수입에서 쓸려고 생각하는 경향이 많다. 하지만 실제로 창업을 하고 나면 현금회전이 예상만큼 원활하지 못하기 때문에 적어도 6개월 이상의 운영자금을 여분으로 준비하고 창업을 시작하는 것이 바람직하다.

이렇게 창업아이템을 선정하고 자금이 확보되면 이제는 창업을 본격적으로 진행해야 한다.

크든 작든 창업이 정말 만만찮다는 것은 시간이 지날수록 느끼게 된다. 창업에 성공할 수 있는 여건, 즉 환경은 '내적內的환경'과 '외적外的환경'으로 나누어진다. '내적환경'은 마케팅이나 인력관리, 서비스 등 기업 내부의 상황으로서 창업자가 통제 가능한 부분이다.

반면에, '외적환경'이란 기업의 주변환경, 즉 사회적인 요소들을 말하며, 창업자의 영향력이 미칠 수가 없고 아무리 노력해도 되지 않는 것들이다. 예를 들어, 만두가게를 창업하여 매출이 늘어나고 있는데 '불량만두' 파동이 일어나서 손님들이 줄어들었다면 창업자의 노력이나 의지와는 관계없이 외적환경에 의해 사업이 어려워진 경우에 해당된다. 창업의 성공은 내적환경뿐만 아니라 외적환경에도 많은 영향을 받는다. 그래서 창업이 어려운 것이다. 스스로가 할 수 있는 부분과 할 수 없는 부분을 같이 해야 하니 말이다.

02

창업의 성공은 운運이다?

필자는 소자본으로 창업하여 성공한 사람들 56명과 경력이 오래된 창업컨설턴트, 그리고 대학이나 연구기관에서 창업자들을 직접 지원하고 관리하는 창업보육센터 매니저들에게 그들의 경험과 지식에서 나오는 성공창업의 '노하우Know-how'를 물어보았다.

왜냐하면 그들에게 창업성공의 특별한 비결이 있다면 창업을 준비하고 있거나, 현재 창업하여 어려움을 겪고 있는 사람들에게 소중한 정보가 될 것이기 때문이다.

그렇다면 그들이 말하는 창업의 성공 노하우는 무엇일까? 여러 가지 대답이 나올 것이라고 생각했지만 결과는 생각만큼 종류가 많지 않았다.

어떤 사람들은 자신들이 "창업을 하기 전에 책과 인터넷 등을 통해서 관련 지식이나 정보를 충분히 가지고 창업을 해서 성공했다"고 말했고, "창업할 분야를 미리 취업해서 오랜 경험을 쌓은 후에 창업을 해야 성공한다"는 사람도 있었다. 그들은 공통적으로 창업을 준비하는 데 많은 노력을 기울였고 '철저한 준비'를 창업의 성공비결로 꼽았다. 또 어떤 사람은 자신의 이전 직장경력을 바탕으로 창업에 성공했기 때문에 "경험이 풍부한 분야에 창업을 하라"고 조언하는 사람도 있었다. 그러나 의외로 가장 많은 사람들이 꼽는 창업 성공의 최고 비결은 바로 '운運'이었다. 그들은 자신들이 잘해서 창업에 성공했다기 보다는 운이 따라줘서 성공을 했고, 아무리 창업에 대한 지식이 풍부하고 준비를 철저히 했어도 운이 나빴다면 성공하지 못했을 거라며 창업성공은 무엇보다도 '운칠기삼運七技三'이라고 말하는 것이다.

만약 그 사람들이 말하는 것처럼 단순히 운이 좋아서 창업에 성공을 할 수 있다면 운이 좋은 사람은 큰 노력 없이도 성공할 수 있고, 운이 없는 사람은 아무리 열심히 해도 성공할 수 없다는 말이 된다. 정말 그렇다면 우리는 창업을 하는 것보다 '복권福券'을 사서 내가 타고난 행운을 기대해 보는 것이 낫지 않을까?

그들의 말이 틀렸다는 것은 아니다. 그러나 복권에 당첨이 되려면 적어도 복권을 사야 당첨의 기회를 잡을 수 있는 것처럼 행운이란 것도 역시 그것을 맞이할 준비를 하고 있는 사람들에게 찾아오는 법이다. 정말 생각지 않았던 운이 따라서 창업에 성공하는 사람도 있지만 대부분의 성공자들은 창업을 해서 언젠가는 찾아올지 모를 행운을 맞이하기 위해 창업 전에 철저한 준비를 하고, 창업 후에도 끊임없이 노력한 사람들이다. 그리고 성공 후에는 자신의 성공을 '운이 좋았다'라고 대신 표현하는 것이다.

그렇다면 그들은 도대체 무엇을 어떻게 준비하고 어떤 노력들을 했기에 행운까지 따라서 창업에 성공할 수 있었을까!

또한 창업의 성공이 '운칠기삼'이라면 운적인 요소는 우리가 어쩔 수 없다고 하더라도 적어도 창업에 성공할 수 있는 기술技術이 존재한다는 말이 된다.

그럼 창업에 성공하는 기술은 뭘까? 열정과 노력으로 창업에 성공한 사람들과 현장에서 창업을 지도하는 창업전문가들로부터 그들이 말하는 창업의 성공비결 열다섯 가지를 들어보자!

03

성공하는 열다섯 가지 창업의 기술

첫 번째,

'차별화'된 창업이 성공한다

세상 모든 일이 다 마찬가지겠지만 창업을 해서 성공한 사람치고 성실하지 않은 사람이 없다. 그러나 성실함만으로 반드시 성공할 수 있는 것은 아니다. 불경기로 많은 가게들이 문을 닫아도 어떤 가게들은 장사가 잘 된다. 장사가 잘 되는 집은 왜 불경기도 비켜가는 것일까? 분명 유별나게 장사가 잘 되는 집에는 그렇지 못한 집들이 가지고 있지 않는 특별함이 있을 것이다.

대전 시내에서 횟집을 운영하는 윤 씨는 주변의 다른 많은 횟집들과는 차별화된 방법으로 창업에 성공했다. 윤 씨가 운영하는 횟집은 다른 집들보다 유달리 손님이 많다. 사실 횟집의 회 맛이야 별다른 차이가 없다. 어느 횟집이든 회의 주원료가 되는 활어活魚는 우리나라에서든지 아니면 외국의 바다에서 잡은 것일테고, 그것도 아니라면 양식장에서 양식을 한 고기다. 결국 고기의 신선도가 회 맛의 차이라면 차이일 수 있다. 그럼에도 윤 씨가 운영하는 횟집에 유달리 많은 손님들이 붐빈다면 거기에는 분명히 그럴만한 이유가 있는 게 틀림없다. 무슨 이유일까?

사람들에게 회는 값비싼 고급음식으로 인식되어져 있다. 그리고 일반적으로 대부분의 횟집들은 회를 '대大 · 중中 · 소小'로 나누고 가격을 정해서 판매하는 것이 보통이다. 그것도 많은 경우 자연산과 양식으로 구별된다.

그러나 윤 씨가 운영하는 횟집의 경우는 회를 다른 집과는 다르게 '1 인분 단위'로 판다. 보통 우리가 횟집에 가서 2~3 명 정도가 '소'자를 주문한다고 볼 때, 윤 씨의 횟집에서는 같은 사람의 숫자만큼이 1 인분의 단위로 회를 주문하면 손님들이 지불하는 전체 가격에는 사실 별반 차이가 없다. 반면 손님들에게는 회가 '아주 비싼 음식'이라는 인식에서 '약간 비싼 음식'으로 바뀌게 된다.

창업자는 역지사지易地思之하지 않으면 안된다. 고객보다 고객의 마음을 먼저 알고 시장을 읽어야 한다. 고객을 염두에 둔 미묘한 차별화가 고객의 만족감으로, 더 나아가 창업 성공의 길로 이어질 수 있기 때문이다.

윤 씨의 횟집이 남다른 점은 또 하나가 있다. 그냥 회를 썰어 접시에 담아 내놓는 횟집들과는 달리 이 집은 일식집에서 요리하는 것처럼 고기 모양을 그대로 두고 활어活魚 상태처럼 회를 떠서 손님들 상에 내놓는다. 창업 전에 다른 횟집들과 차별화를 생각하던 윤 씨의 아이디어였다. 이로 인해 고객들은 좀 더 고급스러운 분위기에서 회 맛을 즐길 수 있다. 거기다가 주인의 입장에서는 같은 주문 양에 사용되는 원재료, 즉 고기의 양은 그냥 접시에 담아내는 것보다 적게 소요되니 일석이조一石二鳥의 효과를 본다.

언뜻 보기엔 유별날 것이 없는 두 가지의 차별화된 아이디어로 윤 씨의 횟집은 성공했다.

사실 윤 씨가 선택한 차별화된 방법은 어느 횟집에서나 생각할 수 있고 누구나 흉내낼 수 있다. 그렇다면 주변의 다른 횟집에서 이런 차별화 전략을 모방함으로써 성공을 했을까? 결과는 그렇지 않다. 이미 윤 씨가 운영하는 횟집은 그동안 다녀간 많은 고객들을 통해서 입소문이 나버렸기 때문이다.

사람들은 고객으로서 판매자를 선택할 때 마음속의 단골집을 정하는 경향이 있다. 윤 씨의 횟집이 값싸면서 좋은 회를 찾는 고객층의 단골집이 되어버린 것이다.

창업을 준비하는 사람들에게 윤 씨는 '차별화'된 창업을 할 것을 권한다. 어떤 업종을 창업하던 그 업종에서 다른 창업자와는 차별화된 운영전략이 필요하다는 것을 말하며, 자신의 경우처럼 설령 횟집이 넘치더라도 차별화된 아이디어만 있다면 성공할 수 있다는 점을 강조했다.

불황 속에서도 길게 줄을 서서 자신의 순서를 기다리는 음식점에 가보면, 고객으로 하여금 불편을 감수하고서라도 찾지 않을 수 없게 하는 독특한 매력이 있다. 그것이 음식맛이나 가격일 수도 있고, 매장의 독특한 인테리어나 분위기일 수도 있다. 그러나 무엇보다도 두드러진 그들의 공통점은 고객의 마음에 귀를 기울지 않고서는 획득하기 어려운 나만의 장점을 갖고 있다는 것이다. 하다못해 똑같아 보이는 편

의점 점포 사이에도 생존을 위한 '차별화 전쟁'은 엄연히 존재한다. 끊임없는 진출과 도태의 과정, 그 속에서 차별화는 진전되고 있는 것이다.

이처럼 같은 장사를 해도 '조금만 차별화를 시킨다면 성공할 수 있다'는 평범한 진리가 창업성공자들의 공통적인 의견이고 결과로 나타나는 실제 사례이다.

두 번째,

창업아이템은 대중성大衆性이 있어야 한다

어느 분야에서든 성공하는 사람들은 분명히 남과는 다르다. 창업에서도 성공하는 사람들을 보면 무엇인가 실패하는 사람들에 비해서 다른 점이 있다. 당연히 성실성과 자기 일에 대한 열정이 높은 사람들이 대부분이다.

그들은 창업을 할 때도 철저한 정보 수집을 통해 '성공 가능한 아이템'을 고른다. 별난 능력으로 창업한 아이템을 성공으로 이끌기도 하지만, 처음부터 '성공할 수 있는 아이템'을 고르는 재주 또한 남다르다.

그러나 일반 창업자들에게 좋은 창업아이템을 선정하는 것은 상당히 어려운 일이다. 예전에는 창업을 할 때 선택할 수 있는 아이템의 종류가 많지 않았으나 요즘은 통신기술의 발달로 정보의 원천이 다양해져서 수많은 아이템들이 있다. 그만큼 창업자에게는 선택의 폭이 넓어졌고 성공의 기회도 많아졌다. 또한 좋은 아이템을 선정할 수 있도록 도와주는 전문회사들도 많이 생겨났다. 그러나 아무리 전문가라도 특정한 아이템을 창업하면 반드시 성공한다고 말할 수는 없다.

전국의 창업보육센터에서 7년 이상 창업기업을 지원하고 관리하고 있는 창업보육 전문매니저들 12명에게 소자본으로 창업을 할 때 가장 성공 가능성이 높은 '유망 창업아이템의 조건'이 무엇이라고 생각하는지를 물었을 때 가장 많은 사람들이 "대중성大衆性을 지닌 시류時流에 맞는 아이템"이라고 대답했다. 아이템이 시류에 맞아야 한다는 것은 당연하다. 향후 발전 가능성이 크기 때문이다.

그러면 대중성이 있는 창업아이템이란 어떤 것을 말하는 것일까? 여기서 말하는 창업아이템의 대중성이란 '창업기업의 제품이나 서비스가 일반적으로 보통 사람들에게 필요한 것'을 말한다. 대표적인 것이 인간의 삶에서 기본적으로 필요한 것들, 즉 의식주衣食住와 관련된 것이다. 대중성이 있는 아이템의 특징은 소비자층이 다양하고 그 숫자가 많아서 시장의 규모가 크다는 데 있다.

그럼에도 불구하고 특정 아이템이 대중성이 있는가에 대

한 정확한 기준은 없다. 그러나 자신이 창업하려는 아이템이 대중성이 있으려면 그것을 남에게 이야기 했을 때 듣는 일반사람들이 이해를 하고 공감할 수 있어야 한다. 만약에 상대방이 이해를 하지 못한다면 설명을 듣는 사람의 전문성이 낮아서 그럴 수도 있겠지만, 실제로 창업을 해서도 그만큼 소비자들의 호응을 얻기가 힘들다.

특별한 아이템은 특별해서 정말 특정한 사람들에게만 필요한 경우가 대부분이다. 그러다보니 고객의 숫자가 적고 시장의 규모가 그만큼 크지 않다. 그래서 돈 벌기가 어려운 것이다.

대중성을 지니지 않은 아이템이 성공하는 경우도 많다. 단지 그 비율이 대중성이 있는 아이템의 경우보다 훨씬 낮을 뿐이다. 창업은 창업자에게 확률의 게임이고 시간의 싸움이다.

사실 우리 주위에서 아직도 돈을 벌 수 있는 창업아이템은 무궁무진하다. 그러나 창업에 성공하는 사람들이 선택하는 아이템은 주로 누구나 쉽게 이해하고 생각할 수 있는 아이템들임을 창업을 준비하는 사람들은 명심해야 한다. 대표적인 창업성공 아이템인 '설탕으로 만든 세제, 콜레스테롤이 낮은 계란, 자외선을 차단하는 모자' 등은 우리생활 속에서 보통 사람들이 흔히 필요한 제품들이다. 물론 아무나 쉽게 이런 것들을 만들 수 있는 것은 분명 아니지만 누구에게나 필요할 수 있는 제품임에는 틀림이 없다. 한편 창업아이템이 어렵다면 다른 사람이 흉내내기 힘들고 경쟁자의 숫자가 적다는 장점도 있지만, 그 제품을 필요로 하는 사람의 수도 당연히 적을 수밖에 없다. 창업아이템이 대중성이 있다는 것은 그만큼 시장이 넓기 때문에 성공의 기회 요인이 많다는 것을 의미한다.

그러나 어떤 면에서는 창업아이템이 쉽고 대중적이라면 누구나 따라 할 수 있지 않을까?

물론 그렇다. 그래서 창업자는 어떤 경우에든 나만의 '경쟁우위競爭優位'를 가질 수 있도록 해야 한다.

창업에 성공하기 위해서는 아이템이 쉬우면서도 그것의 운영 방식이 남들에 비해서 뭔가 다른 요소이자 창업성공의 첫 번째 원칙인 '차별화'되어야 한다는 것을 명심해야 한다.

세 번째,

쓸 줄 알아야 번다

아무런 노력이나 대가代價 없이 돈을 벌 수는 없다. 우리가 창업을 해서 돈을 벌기 위해서는 적지 않은 금액의 투자가 필요하지만 충분한 자금을 가지고 창업을 하는 사람은 드물다.

얼마의 자금으로 창업을 하느냐는 창업자가 계획하고 있는 업종뿐만 아니라, 그 창업을 통해서 발생하는 수익과도 직결이 된다. 일반적으로 적은 돈을 투자하면 적게 벌고 많은 돈을 투자하면 그만큼 벌 수 있는 금액도 커진다. 그렇더라도 '처음부터 무리한 투자'를 하는 것은 절대 금물禁物이다. 많은 창업자들이 초기의 과도한 투자 때문에 '부채가 부채를 낳는 결과'로 이어져 실패를 경험하게 된다. 따라서 창업 시에는 자기 자본의 규모에 맞는 창업아이템을 선택하는 것이 바람직하다.

창업은 단기간에 승부가 나지 않는다. 기술을 중심으로 하는 중소기업의 경우는 보통 손익분기점을 넘는 데까지 걸리는 기간이 4~5년 정도이고, 소자본 창업자들의 경우는 1~2년 정도된다. 자금의 빠른 회전을 필요로 하는 소자본 창업기업이 그 기간 동안에 투자금을 회수하지 못하면 제반 운영경비를 감당하기가 어렵고, 미래가 불투명하기 때문에 창업자는 자신의 사업에 대한 전반적인 재검토를 해보아야 한다.

창업기업이 손익분기점을 넘어서기 시작하면 창업자의 역할은 더욱 중요하다. 성공하는 창업자는 손익분기점이 넘은 시기의 경영자 역할에 대해서 잘 알고 있다. 그들은 보통 미래의 더 큰 수익을 창출하기 위해서 현재의 수익을 적절하게 재투자한다. 그리고 현재의 상황에 큰 위협이 되지 않는다면 그들의 이익을 고객 및 직원들과 나눔으로써 더 큰 성공을 이룬다.

서울에서 복어전문점을 창업하여 성공한 김 씨는 창업초기에 번 돈을 재투자해서 자신의 가게를 더 크게 키웠다. 창업성공자로서 그의 성공철학은 '쓰는 만큼 번다'는 것이다.

김 씨의 복어전문점은 현재 월 매출액이 1억 원을 넘는다. 그의 가게에 들어서면 복어전문점답게 깨끗하다는 느낌이 든다. 화려하지는 않지만 단정한 인테리어와 특히 벽에는 복어 마니아Mania들과 맛과 영양이 뛰어난 건 알지만 가끔씩 들려오는 '복어 독毒 때문에 사망'했다는 소식에 복어를 꺼리는 사람들을 위해서 복어에 대한 일반상식들로 잘 꾸며져 있다.

김 씨는 자신의 가게를 찾아주는 고객을 위한 투자를 아끼지 않는다.

매일 아침에 김 씨가 출근하면서 들르는 곳이 인근에 있는 은행이다. 거기서 그는 고객들에게 줄 거스럼 돈으로 사용하기 위해 빳빳한 새 지폐를 준비한다. 창업자의 이런 작은 정성이 고객들을 감동시키는 법이다.

복어를 비롯한 각종 재료들은 항상 가장 신선하고 고급품만을 사용하여 고객들에게 최고의 맛을 제공하는데, 아무리 장사가 안되어도 그 원칙을 어겨본 적이 없다고 한다. 그리고 거기에 소요되는 적지 않은 비용을 아낌없이 지불한다.

그 결과 김 씨는 더 많은 고객들로부터 더 높은 수익을 창출하고 있다.

김 씨는 고객뿐만 아니라 직원들을 위해 돈을 쓰는 것에도 적극적이다.

종업원들은 매월 한 차례씩 번갈아가며 외부 서비스 교육에 참가하여 고객을 응대하는 방법에 대한 교육을 받는다. 또한 음식점이지만 직원들이 학원에서 외국어를 배울 수 있도록 급여 외에 자기개발비를 지원하고 있다. 그 결과 김 씨의 가게는 고객층도 넓어지고 직원들의 사기도 많이 향상되었다.

또한 2년 이상 근속한 종업원들에게는 가게의 지분持分을 일정부분 나누어줌으로써 직원들이 주인의식을 가지고 일할 수 있는 분위기를 만들었다. 해당 직원들은 6개월에 한 번씩 그동안의 영업이익에 대한 배당을 받는다. 이런 김 씨의 노력으로 가게를 찾는 손님들은 호텔 수준의 최고급 서비스를 제공받는다. 아낌없는 투자의 결과로 김 씨의 가게는 창업 후 수익은 꾸준히 늘어나고 있다고 한다.

창업에 성공하는 것은 무척 어려운 일이다. 그러나 창업자는 일정 수준의 성공을 이루게 되면 큰 노력이 없어도 그 성공이 유지되어 가는 경우가 많다. 아니 사실은 쉽게 유지되는 것처럼 보인다. 창업자는 이런 경우에 특히 더 조심을 하지 않으면 안된다. 위기가 기회이듯 기회 또한 위기가 될 수 있기 때문이다. 창업자가 돈을 벌 줄만 알고 쓸 줄을 모른다면, 그래서 투자를 게을리하고 목표의식을 상실하여 습관처럼 고객을 맞이하고 시간이 되면 문을 닫을 때 애써 이룬 성공이 날아가 버리고 만다.

창업에 성공하고 싶다면 김 씨의 경우처럼 '더 큰 성공을 위해서 번 돈을 잘 쓰는 방법'도 성공 창업자들로부터 배워야 한다.

네 번째,

최고의 경영기술은 '사람경영'이다

창업에 성공한 사람들의 또 다른 공통점은 각자 나름대로의 경험에서 터득한 '삶의 철학'을 가지고 있다는 것이다. 또한 그들은 어떤 업종에서 창업을 하고 현재의 위치에 이르렀던지 자신들만의 경영철학을 가지고 있다.

필자가 만난 창업성공자들의 학력은 고졸高卒이 가장 많았고, 대졸, 그리고 전문대졸, 기타의 순이었다. 사실 그들 중 어떤 사람도 '경영'에 대한 학문적 지식이 아주 풍부한 사람들은 거의 없었다. 자신이 몸담고 있는 그 분야에서 전문지식을 가지고 사업을 시작한다면 더 쉽게 성공할 수도 있겠지만, 이론과 실제는 다른 경우가 많다. 그래서 창업에 성공하는 것이 어떤 업종이든 남녀노소할 것 없이 학력 순이 아니라는 것이다.

그러나 많이 배우고 덜 배우고를 떠나서 창업 성공자들에게 공통적으로 "최고의 경영이 무엇이라고 생각하십니까?"라는 물음에 많은 사람들이 '사람경영'이라고 말한다. 직원들을 잘 관리하고 그들이 경영자를 믿고 일할 수 있도록 만드는 사람경영의 기술이야말로 최고의 '경영노하우'라는 뜻이다. 이것이 그들 '삶의 철학이자, 경영철학'이다.

한때 우리나라에서 절대 실패하지 않는 창업아이템 중에 하나가 '학원學院'이었다. 서울이야 다르겠지만 지방의 경우는 일반적으로 수강학생이 50명만 되면 손익분기점이 넘는다고 할 만큼 학원은 그야말로 '돈되는 장사'였다. 그러나 지금은 교육사업인 학원도 워낙 경쟁이 치열해지고, 정부의 공교육 강화정책, 강사 선생님들에 대한 4대 보험 의무 가입 등으로 예전에 소요되지 않았던 비용이 지출되다보니 옛날만큼 돈을 벌기가 쉽지 않다. 그런 불리한 학원경영의 흐름 속에서 '사람경영'의 성공을 통한 창업성공을 이루어낸 사람이 있다.

대구 시내에서 학원을 하고 있는 김 씨는 평범하게 지방대학을 졸업하고 강사경력 3년을 밑천으로 과감하게 학원을 시작했다. 별로 큰 규모도 아니었고 내부시설이 세련된 것도 아니었다. 그러나 그가 가장 중점을 둔 것은 학원의 핵심인 강사 선생님들에게 매사에 섬세한 배려를 잊지 않는 것이었다. 가령 그들 개개인의 경조사나 축하를 해줘야 할 날들을 메모했다가 일일이 챙겨주었다. 격려의 말뿐만 아니라 물질적인 축하도 아끼지 않았다. 그러다보니 원래 김 씨가 기대했던 것보다 효과는 더욱 빨랐고 컸다. 강사 선생님들은 생각했던 것 이상으로 김 씨의 진심을 이해해 주었고 신뢰관계의 폭은 더욱 두터워졌다.

상대가 부자든 가난한 사람이든 상관없이 진심으로 자기를 이해해주고 위해주며 격려해주는 것을 받아들이지 않을 사람은 없는 법이다.

그는 그렇게 허름한 변두리의 작은 학원에서 시작해 지금은 번듯한 대구 시내 요지의 위치에 5층짜리 건물을 소유할 정도로 창업에 성공했다. 어쩌면 그 건물은 그의 보이지 않는 따스한 배려와 사람을 먼저 생각할 줄 아는 김 씨의 지혜로움이 쌓아올린 훌륭한 결과물일지도 모른다. 한 마디로 오늘의 그가 있기까지는 다름 아닌 그 만의 '사람 경영'을 제대로 한 셈이다.

우리가 흔히 학원 경영의 성공을 생각하면 원장의 학벌이나 경력을 먼저 떠올린다. 혹은 수업을 담당하는 선생님들의 강의 프로필이나 입소문들을 생각할 수도 있다. 아니면 특별히 재치 있는 유머로 학생들을 사로잡는 인기 있는 강사진을 내세울 수도 있다. 실제로 그런 학원에 학생들이 많이 몰리는 경향도 물론 있다. 그러나 과연 그것으로 학원이 얼마나 오래 버틸 수 있을까! 더군다나 실력 있는 강사들은 구하기가 어렵고, 구했다 하더라도 계속 붙잡아 두기도 어렵다. 그만큼 인간적으로나 경제적으로 대우가 뒤따라야 한다. 흔히 틀에 박힌 주종主從의 관계가 성립되면 실력 있고 인기 있는 강사들은 여지없이 떠나버린다.

그래서 학원 창업자들은 특정과목의 강사로 인해 수강생들이 그 학원으로 몰리는 것에 민감하기 보다는, 현재 가까이 있는 자기 주변의 강사 선생님들에게 최선을 다해야 한다. 그래서 형식이 아닌 진심에서 우러난 마음을 자연스럽게 보이면서 서로가 가까워지는 '사람경영'의 지혜가 필요한 것이다.

김 씨의 경우는 어떤 강사이든 한 식구가 되면 원장에게 미안해서라도 다른 학원으로 옮겨갈 수 없을 정도로 인간적인 대우를 해주었다고 한다. 물론 그 속에는 경제적인 대우도 당연히 뒤따랐다. 특히, 금요일 점심은 어떤 일이 있어도 강사 선생님들을 모두 자신의 집에 초대해서 같이 식사를 한다고 했다. 서로 머리를 맞대고 학원 일을 떠나서 가족처럼 오순도순 식사를 하면서 담소를 나누고, 서로의 힘겨운 부분을 허심탄회하게 터놓으며 벽을 없앴던 것이다.

'사람이 재산'이라는 말이 있지만 실제로는 살면서 아는 사람이 득得 보다는 상처를 줄 때가 더 많다. 그래서 세상에 '사람 관계'만큼이나 어려운 것이 없다. 성공한 창업자와 실패한 창업자의 차이는 그 어렵다는 사람 관계를 잘 이끌어 나가서 내가 내 장사, 내 회사의 돈을 버는 것이 아니라, 내 사람들이 나에게 돈을 벌어주도록 만들 수 있게 하는 능력이 있느냐는 것이다.

창업의 세계에서 사람경영을 잘한다면 그는 최고의 전략가이자 창업의 성공자이다.

다섯 번째,

때를 기다려라

굳이 창업전문가가 아니더라도 길을 가다가 '왜 여기서 이런 장사를 할까? 과연 이런 장사가 여기서 될까?' 라는 의구심을 가지게 되는 집도 있고, 반대로 '이 집은 정말 위치 선정을 잘했다'는 생각이 들게 만드는 가게도 있다.

전자前者에 해당되는 창업자들에게 그 위치에서 그런 종류의 창업을 하게 된 동기에 대해서 물어보면 "내가 너무 서둘러 장사를 시작했다" 라는 후회 섞인 말을 듣게 되는 경우가 의외로 많다. 시간에 쫓겨 준비가 덜 된 상태에서 창업을 했다는 말이다.

어떻게 그럴 수 있을까! 창업은 새로운 인생의 시작이며 자신의 모든 것을 걸어야 하는데, 왜 철저한 준비없이 서둘러 창업을 했단 말인가!

그건 바로 창업에 성공한 사람들이 말하는 '때를 기다려라'

는 창업의 금언金言을 지키지 않았기 때문이다.

부산에서 한정식 전문점을 운영하는 김 씨는 현재 월 매출액이 6천만 원이 넘는다. 지금은 창업 성공자로서 다른 사람의 부러움을 사고 있지만, 과거에 준비되지 않은 창업으로 크게 낭패를 본 적이 있다.

김 씨는 경북 포항에 있는 우리나라 최대의 철강회사를 명퇴했다. 명예퇴직을 할 당시 김 씨는 회사에서 퇴직금과 위로금을 합쳐 4억 원 정도의 돈을 받았다고 한다.

회사를 다닐 때 마음은 그 정도의 현금만 있으면 아무리 금리가 낮다 해도 은행이자만으로도 살 수 있을 것 같았다. 그러나 몇 달을 집에서 쉬다보니 아침에 출근하는 사람들을 보면 '갈 데가 없다'는 소외감과 아무 것도 하는 일이 없는 자기 자신이 '낙오자落伍者'라는 생각이 겹쳐져 견딜 수가 없었다. 결국 명퇴를 하고 난 후 6 개월이 채 되지 않은 시점에서 컴퓨터에 대한 깊은 지식이나 기술도 없이 서둘러 인근에 있는 PC 방을 인수해서 사업을 시작했다. 준비없이 시작한 창업이고 시간에 쫓긴 창업이었다.

PC 방의 매출은 개업 첫 달부터 김 씨의 기대에 못미쳤고 시간이 지나도 나아질 기미가 보이지 않았다. 초조해진 김 씨는 전단지를 만들어 신문에 넣어 돌리기도 하고, 손님들에게 무료 커피도 제공하는 등 손님들을 끌기 위해 안간힘을 썼다. 그러나 어쩐 일인지 손님이 늘기는커녕 더 줄어들었고 김 씨는 절망했다. 그대로 주저앉을 수 없었던 그는 손님들에게 더욱 친절하게 대했고 경쟁업체들보다 문을 일찍 열고 늦게 닫았다. 가끔은 밤늦게까지 컴퓨터를 하는 손님들에게 컵라면을 무료로 제공하기도 했다. 노력한 만큼 보상을 받을 것이라는 생각을 했던 것이다.

그런데 또 다른 문제가 일어났다. 다른 사람이 하던 PC 방 전체를 인수하다보니 컴퓨터가 어느 정도 연식이 된 중고품들이었다. 컴퓨터란 것이 여러 사람이 오랫동안 쓰다보면 고장이 나기도 하는 법이지만, 문제는 컴퓨터의 기술적인 부분에 대해서 거의 아는 바가 없었던 김 씨가 고객의 요구를 신속하게 들어줄 수 없다는 데 있었다. 물론 주위에 고장 난 컴퓨터를 손봐줄 사람이 없진 않았으나 전화를 하면 금방 달려올 수 있는 입장에 있는 사람은 아니었다. 그렇다고 고장에 대비해서 전담직원을 따로 둘 만큼 여유가 있지도 않았다.

시간이 흐를수록 김 씨는 자신감을 잃어갔다. 손님들은 자꾸만 넓고 깨끗한 PC 방을 찾아 떠나갔다. 날로 줄어가는 매출에 일할 의욕은 자꾸만 떨어지고 결국 폐업을 결심하게 되었다. 그렇게 김 씨는 생애 첫 창업에서 투자한 금액의 대부분을 날렸다고 한다.

첫 번째 창업에서 실패한 김 씨는 그 후 일년 반 동안 착실히 준비해서 한정식 전문점을 시작했다. 이번에는 충분한 시간을 가졌다. 위치도 신중히 고려하여 선정했고, 인테리어도 여러 한정식 집을 다녀와서 좋은 모델만 골랐다. 그리고 자신이 직접 '한식요리기능사' 자격증도 땄다. 그렇게 철저한 준비 끝에 두 번째 창업에서 그는 오늘날 성공 창업자로 거듭났다.

그는 창업을 준비하는 사람들에게 "너무 조급하게 서두르지 말고 느긋하게 때를 기다려라. 그러면 반드시 기회가 온다."고 조언한다. 창업을 준비하고 있는 사람들이 깊이 새겨야 할 말이다.

김 씨의 경우처럼 어느 날 갑자기 직장을 그만두게 되면 집에서 그동안 쉬지 못한데 대한 한恨풀이로 몇 달 푹 쉬는 경우는 드물다. '빨리 뭔가를 해야 된다'는 생각에 마음이 급해져서 준비 없이 또는 준비가 부족한 상태에서 창업을 시작하게 되고, 그러다보면 실패로 이어지는 경우가 많다. 창업은 많은 준비가 필요하다. 또 잘 준비된 자만이 창업성공의 반열에 오를 수 있다.

창업에 성공하려면 자신에게 알맞은 아이템을 찾아서 시작할 수 있도록 많은 준비와 더불어 그 창업을 실행할 수 있는 '때를 기다릴 줄 아는 지혜'도 가져야 한다.

여섯 번째,

인내하고 신용을 지켜라

부산에서 수산물 도매사업을 하는 정 씨는 수산업계의 대표적인 성공창업자 중 한 사람이다. 나이가 오십이 넘은 사업가지만 정 씨를 만나서 받은 첫 느낌은 '온화하면서 믿음이 가는 인상印象'의 소유자라는 것이었다.

경북 경주에 위치한 어촌마을의 가난한 집안에서 육남매의 장남으로 태어난 정 씨의 창업성공 스토리는 한편의 인생 드라마였다.

그 당시 우리나라의 많은 사람들이 그랬듯이 식구는 많고 살림이 없던 집에서 태어난 정 씨는 부모님의 뜻을 거역함이 없는 효자 아들로 커왔다. 그리고 중학교를 졸업한 해 경제적으로 힘겨워 하시던 부모님의 짐을 조금이나마 덜어드리기 위해서 고등학교 진학을 포기하고, 강원도에서 사업을 해서 크게 성공한 친척집으로 일을 하러 갔다.

겨우 중학교를 졸업하고 어린나이에 생업生業을 위해서 집을 나서던 날 부모님도 정 씨도 서러워 하염없이 울었다고 한다. 또래의 친구들은 다들 고등학교 진학에 대한 기대로 부풀어 있을 때 정 씨는 부모님 곁을 떠나서 낯선 친척집, 그것도 경주서 강원도까지 천 리가 넘는 먼 길을 가야했으니 말이다.

부모님에게는 아직 어리고 귀한 자식이었고, 정 씨에게는 어린나이에 시작하는 사회생활이었지만 그래도 '친척집이니 큰 고생이야 시킬까'하는 마음이었다. 그러나 현실은 달랐다고 한다.

친척집에 도착했을 때 사람들의 태도는 예전과는 달리 냉정했고, 정 씨에게 돌아온 첫마디는 "일단 받아는 주겠지만 이곳은 이제 친척집이 아니라 직장職場이다. 그리고 숙식宿食은 우리 집에서 무료로 하는 대신에 집안의 모든 허드렛일을 같이 해야 하고 앞으로 최소한 십 년은 일을 해주어야 한다."는 것이었으며, 그는 "그렇게 하겠다"고 약속했다. 정 씨에게 있어서 그것은 사회의 첫발이었고 사회인으로서 첫 약속이었다.

하기야 그 친척분의 입장에서 보면 애써 일을 다 가르쳐 놓았는데 나중에 무책임하게 훌쩍 떠나버릴 수도 있고, 어린 정 씨에게 그 만큼 사회생활이 호락호락하지 않다는 걸 가르치고 싶었을지도 모른다.

그렇게 해서 정 씨는 낮에는 회사원으로서 밤에는 그 집의 급사給仕로서 일을 시작했다.

한참 성장기라 먹고 또 먹어도 배가 고프고 감수성이 예민할 나이에 그의 일상은 완전히 뒤바뀌었다. 새벽같이 일어나야 했고 또 그렇게 하루를 시작해야 했다.

조금이라도 싼 가격의 수산물을 사러 보통 하루에 6~7시간씩 배를 타야했다고 한다. 정 씨는 배에서 가지고온 무거운 고기상자들을 트럭에 실어 나르고 어깨에 진물이 잡혀도, 허기가 져서 쓰러질 것 같은 고통보다도 더 견디기 힘든 것은 '배 멀미의 고통'이었다고 말한다.

지금까지 수산업계에 삼십 년을 넘게 종사하며 바다에 관한한 누구에게도 지지않는 베테랑이지만 정 씨는 그때 자신이 겪었던 끔찍한 배 멀미를 지금도 생각만 하면 이맛살이 찌푸려진다고 한다. 그는 그 당시 경험한 배 멀미를 이렇게 말했다.

"갑자기 뒷목이 뻣뻣해지는 것 같았다. 속이 거북하면서 미식거리기도 하고, 토할 것 같은 불쾌한 느낌이 들고, 가슴이 두근거리고 식은땀이 나며, 불안하고 몸이 허공에 떠 있는 것 같아 걸어갈 때 술 취한 사람처럼 몸이 비틀거리거나 중심을 잡을 수 없는 고통이 목을 조였다."

어린 정 씨가 그 일이 너무 힘겨워 도망치고 싶다는 생각을 왜 하지 않았을까. 그때마다 그는 자신을 바라보는 가족들의 기대와 사회인으로서의 첫 약속을 꼭 지킬거라는 자신과의 약속을 배반할 수 없었다고 했다.

그렇게 십 년이란 세월을 버티어내면서 성실하게 사업을 배워 지금은 세상 누구도 부럽지 않은 창업의 성공자가 되었다.

그에게 그런 뼈저린 경험이 없었다면 지금의 정 씨가 있었을까! 얼마나 많은 눈칫밥을 먹었을 것이며 어린나이에 당한 서러운 마음이야 어찌 말로 다 하겠냐마는, 지금껏 그를 지켜온 것은 분명 끝까지 견뎌내는 남다른 '인내력'이 있었음은 틀림없다. 또한 그는 가장 가까이 있는 친척에게 신뢰감을 얻었고 주변 사람들에게서 인정을 받은 것이다. 또한 자신과의 약속이자 처음 친척집에 가서 했던 약속, 그리고 그를 바라보는 부모님과의 약속을 지켰던 것이다.

우리 주변에서 흔히 볼 수 있는 것들 중의 하나가 사람들이 어떤 형태든 약속을 잘 지키지 않는다는 것이다. 약속을 할 때야 당연히 지킬 것이라고 생각하지만 그 약속이 나에게 불편함을 주면 너무 쉽게 그 약속을 저버리는 경우가 많다. 그러나 창업자에게 신뢰는 생명과도 같은 것이다. 신뢰를 잃으면 장사꾼으로서의 생명도 끝이 난다.

또한 우리가 누군가에게 신뢰감을 얻는다는 것은 그리 멀리 있는 것이 아니다. 자신에게 가장 가까이 있는 사람들로 하여금 믿음을 줄 수 있어야하고 또 인정을 받기까지 수많은 자신과의 싸움에서 이겨야 한다.

지금 정 씨는 부산에서 수산물 도매업을 하여 크게 성공했다. 그의 성공은 그냥 얻어진 것이 결코 아니라, 십 년이란 긴 세월의 아픔과 그 아픔을 참고 견딘 그의 인내와 자신이 한 약속을 수없는 어려움 속에서도 기꺼이 지킨 아름다운 결과임이 틀림없다.

지나온 우여곡절의 긴 시간을 얘기하면서 정 씨가 창업에 성공하고자 하는 사람들에게 해주고 싶은 이야기는 "창업에 성공하려면 인내하고 신용을 지키라"는 것이었다.

일곱 번째,

고객의 기대보다 나아야 성공한다

대전 근처에 '천 원짜리'로 유명한 손칼국수집이 있다. 운영자인 박 씨는 대기업에서 자동차부품을 수주받아 제조하는 하청업체를 다니다가 IMF 경제위기의 여파로 실직을 한 뒤 손칼국수집을 창업했다. 많은 직장인이 그러하듯이 특별한 기술 없이 할 수 있는 가장 손쉬운 창업 중에 하나가 식당이고, 그래도 '먹는 장사가 최고'라는 생각에 시작한 것이다.

칼국수집은 비교적 흔한 창업업종 중 하나이고, 보통 음식점은 가게의 위치에 따라 성패成敗가 결정된다. 그러나 좋은 위치의 점포는 당연히 구하기도 힘들 뿐만 아니라 임대료도 비싸다. 창업자금이 넉넉하지 않았던 박 씨는 결국 시내를 벗어난 변두리의 상가 이층자리를 선택할 수밖에 없었다.

박 씨는 자신의 첫 창업에서 반드시 성공을 해야만 했다. 그에게 두 번째를 생각할 여지가 없었다. 초등학교와 중학교를 다니는 두 아들과 부인이 있는 가장家長으로서 그의 창업은 선택이 아니라 생존이기 때문이었다. 그렇게 남다른 각오로 시작한 창업이었지만 장사는 박 씨의 예상만큼 잘 되질 않았고, 누구보다 부지런하게 일했으며 친절과 정성을 다해도 고객은 늘지 않았다.

박 씨가 창업을 할 당시에 주변에는 다른 칼국수집들도 몇 군데 있었다. 그런 상황에서 새로 창업을 하더라도 손님을 끌 수 있는 묘책妙策이 없는 한 다른 보통의 칼국수집들과 박 씨의 가게가 다를 게 없었다. 뭔가 자신의 가게를 고객들에게 알릴 방법을 찾아야만 했다.

그래서 박 씨가 생각해 낸 것이 사천 원 하던 손칼국수의 가격을 대폭 낮췄다. 그리고 '손칼국수 천원'이라고 가게의 입구에 크게 써 붙였다. 우선 손님들의 이목을 끌어야 했기 때문이다.

소비자로서 우리는 손님을 끌기 위한 식당들의 마케팅 전략으로 이런 종류의 '미끼' 광고를 종종 본다. 소비자로서 관심을 가지기에 충분한 문구다. 우리가 이런 광고를 보면 처음 드는 생각이 "와! 요즘도 천 원짜리 식사거리가 있는가!"

라는 것이다. 그래서 의구심 반 기대 반으로 그 가게에 들어가서 음식을 먹어보면 대부분의 경우에 "역시 이건 정확히 천 원짜리 구나!"라는 생각이 들 정도로 맛도 없고 서비스도 엉망이라서 속은 느낌이 든다.

그렇지만 박 씨의 가게는 달랐다. 박 씨는 손님들이 지불한 돈 이상의 가치를 돌려줘야 살아남을 수 있다고 판단했다. 원래 사천 원짜리 음식을 천 원으로 내렸지만 맛도 양도 변하지 않았다. 아니 더욱 맛있게 정성껏 만들었다. 그러자 얼마 지나지 않아 박 씨의 가게가 사람들의 입을 통해 소문이 나는 건 당연한 결과였다.

만약 이 가게에서 재료비와 인건비 등을 고려했을 때 계속 손칼국수만 팔았다면 아마도 적자를 면하지 못했을 것이다. 그러나 박 씨는 그렇게 고객들의 수가 점점 늘어갈 무렵에 메뉴를 넓혀갔다. '손두부, 파전, 돼지수육' 등의 메뉴를 준비했다. 그리고 손칼국수를 제외한 모든 메뉴의 가격은 다른 가게들과 비슷한 수준으로 정했다. 과연 고객들의 반응은 어땠을까?

손칼국수가 음식을 만드는 데 시간이 많이 걸린다는 것은 모든 사람들이 잘 안다. 자연스럽게 저렴한 가격에도 뛰어난 맛을 가진 손칼국수를 맛보기 위해서 기다리는 것에 큰 불만을 가지지 않는 고객들이 기다리는 동안 다른 메뉴를 주문하는 횟수가 많아졌다. 박 씨의 가게는 그렇게 성공했다. 보통 식사시간 한 시간 전에는 앉을 자리가 없을 정도다.

우리나라에 하루 평균 500 여 개의 식당이 생겨나고 400 여 개 정도가 문을 닫는다고 한다. 그만큼 서민들에게 손쉬운 창업이 먹는 장사이며, 시작하기도 쉽지만 웬만해서는 성공하기도 어렵다는 뜻이다.

창업은 누구에게나 열린 성공의 기회를 제공한다. 그러나 남과 같아서는 절대로 성공할 수 없다. 고객은 천 원을 지불하면 그 이상의 가치와 서비스를 요구하게 마련이다. 창업자가 정확하게 천 원만큼의 가치를 소비자에게 제공한다면 그 창업자는 그저 그런 창업자다. 반면에 성공하는 창업자는 자기를 찾아주는 고객들에게 그들이 기대하는 것 이상의 가치를 제공하고 그것을 이용해서 돈을 버는 방법을 아는 사람들이다.

여덟 번째,

끊임없이 공부해야 한다

흔히 직장인들은 창업자들이 자기 사업을 하기 때문에 시간적인 여유가 많을 것이라고 생각한다. 하지만 실제로 창업을 하게 되면 웬만한 직장인들보다 훨씬 바쁘다. 내 사업이기에 성공에 대한 욕심이 생기고 주위의 경쟁자들도 의식을 하기 때문이다. 특히나 직장인들은 적어도 주말에는 쉬지만 대부분의 창업자는 그렇지가 않고, 심지어 설이나 추석 같은 명절에도 일하는 경우가 많다.

이처럼 바쁜 창업자들에게 "끊임없이 공부해야 한다"고 말하면 배부른 소리를 한다고 할지 모르겠다. 하지만 창업기업의 성공 요소들 중에 가장 큰 비중을 차지하는 것이 '창업자의 역량'이라는 점을 생각한다면 절대로 무리한 요구가 아니다. 역량을 쌓기 위해 창업자는 자기 분야에 대한 전문성을 지녀야 하고, 그 전문성은 경험을 통해서 쌓이기도 하지만 학습學習과 함께 이루어지면 시간이 훨씬 단축되고 효과적이며, 결국 창업성공도 그만큼 빨라질 수 있는 것이다.

서울에서 '헤드헌팅Head Hunting업'을 창업하여 성공한 김 씨는 우리나라에서 손꼽히는 업계 전문가이다. 그는 생애 첫 창업에서는 실패를 했는데 그 당시에 정보와 지식의 중요성에 대해서 많이 느꼈다고 한다.

미국에서 4년간 공부를 하고 귀국한 김 씨의 당시 창업아이템은 '유학원'이었다. 사업 경험은 전혀 없었지만 해외 유학을 했고, 업무에 필수요건인 영어도 잘하는데다가, 미국 현지에 상당히 많은 인적人的 네트워크가 있어서 성공에 대한 강한 자신감을 가졌었다.

그러나 막상 일을 시작하자 현실은 김 씨가 생각했던 것과는 많이 달랐다. 무엇보다도 한국의 유학원 업계에서는 원장의 능력보다도 더 중요한 것이 바로 유학원의 인지도認知度였다. 그래서 큰 규모의 유학원으로 의뢰인들이 몰리면서 김 씨처럼 영세한 규모의 신생 업체들이 살아남기가 어려웠던 것이다. 조만간 수익이 개선될 것이라는 기대로 홍보에 열을 올리며 사업을 지속했지만 인건비와 건물임대료 등 만만찮은 운영비를 감당하지 못해서 결국 창업 1년 8개월만에 폐업을 하게 되었다.

창업에 실패한 대부분의 사람들이 엄청난 경제적 고통을 겪듯이 김 씨도 예외는 아니었다. 특히 창업을 하기 위해 빌린 돈을 갚지 못해 주변 사람들에게는 몹쓸 사람으로 낙인찍히기도 했다.

그 당시는 김 씨가 살면서 가장 고통스러웠던 기간이었지만, 성공하기 위해서 창업자는 반드시 '많은 공부를 해야 한다'는 교훈을 깊이 깨닫게 해준 소중한 시간이었다고 말한다.

첫 창업에 실패한 후 김 씨는 매사에 철저한 사람으로 변했다.

먼저 나름대로의 패인敗因을 분석했다. 그리고 시장에 대한 경험과 정보가 부족했고, 약간의 자만심도 있었다는 결론을 내렸다.

그가 다시 도전한 창업은 회사들이 필요한 인력을 대신 채용해주는 '헤드헌팅' 사업이었다. 이번에는 관련 업종에 대한 정보와 지식을 충분히 쌓았다. 특히, 미국과 일본 등 해외 선진국의 사례들을 살펴보고 우리나라 시장에 접목 가능한 부분도 찾았다.

요즘은 국내 기업들은 물론 공무원들도 인재채용을 헤드헌팅사에 의뢰하는 경우가 많지만 당시에는 대부분 외국계 회사들이 주 고객이었다. 따라서 김 씨의 미국 유학경험과 영어실력이 사업에 상당한 도움이 되었다.

본격적으로 그는 TV와 신문 등 대중매체를 통해서 새롭게 우리나라에 진출하는 해외기업에 대한 정보를 업계의 다른 사람보다 먼저 입수해서 인사담당자들에게 자신의 회사를 소개했다. 또한 누구와 만나도 어떤 분야에 대해서도 풍부한 지식과 화제로 무장한 김 씨는 자신감을 가질 수 있었다. 그의 자신감은 고객들에게 신뢰를 주었으며, 곧 사업의 성과로 이어졌다.

김 씨에게 창업성공의 비결에 대해서 묻자 그는 업종을 불문하고 모든 창업자들에게 한결같이 "불필요한 일에 보내는 시간을 줄이고 항상 자신의 분야에 대해서 끊임없이 공부하라"고 말한다. 예를 들어 '헤드헌팅'은 '인간관계' 사업이다. 즉 인맥을 통해서 계약이 성사되는 경우가 많다. 그래서 많은 업계 종사자들이 자기 사업의 잠재고객들과 인맥을 형성하는데 대부분의 시간을 보낸다. 주로 그들과 함께 술을 마시고 운동을 같이 함으로써 친목을 다진다. 물론 그것도 사업에서 중요한 부분임은 틀림이 없다. 그러나 인맥은 아무리 오랜 시간 잘 유지를 해오다가도 잠깐만 방심하면 그 맥이 끊어져 버리고, 한번 끊어진 사업상의 인맥은 다시 이어지기가 힘들다. 더 큰 문제는 그런 일상이 반복되다보면 어느 새 인맥관리 자체가 하루 일과가 되어버리고 만다는 것이다. 창업자는 그 일로 인해 자신이 항상 바쁘다고 느끼지만 성과는 별로 없게 된다.

성공하는 창업자는 자기 자신을 잘 관리하고 발전시켜 나갈 줄 안다. 그들은 어떤 수준의 고객과도 눈높이를 같이 할 수 있도록 지식과 정보를 가진 전문가가 되는 것이다. 그래서 사람들에게 자신의 전문성을 바탕으로 신뢰를 주어 결국 창업에 성공하게 된다.

아홉 번째,

타고난 돈 그릇의 크기가 있다

옛날 어른들이 "돈을 쫓아 가지 마라!"는 이야기를 한다. 쫓아가면 갈수록 돈은 더 멀리 달아나 버리기 때문이다. 사실 돈은 우리가 많이 벌려고 발버둥친다 해서 벌려지는 것이 아니다. 속담에도 '소부小富는 재근在勤이요, 대부大富는 재천在天이다'고 했다. 작은 부자는 근면하면 되지만 큰 부자는 하늘이 내린다는 말이다.

창업에서 운적 요소가 많이 작용하는 것을 볼 때 터무니없는 이야기만은 아니다.

중국에도 '재능才能 있는 장사꾼이 부지런한 장사꾼을 이기지 못하고, 부지런한 장사꾼이 복福 많은 장사꾼을 이기지 못한다'는 속담이 있다. 운명적인 것을 너무 믿고 거기에 사로잡힐 필요는 없지만 창업자들이 한번쯤은 새겨들을 말들이다.

창업을 하는 모든 사람들의 희망은 창업을 통해서 경제적인 성공을 이루는 것이지만, 어떤 면에서 사람은 누구에게나 자기가 살면서 벌 수 있는 타고난 돈 그릇의 크기가 있는 것 같다. 그런데 우리가 자신의 돈 그릇 크기를 제대로 알지 못하고, 또 많은 사람들이 자기 그릇보다 훨씬 더 많은 돈을 벌려고 하니 문제가 생긴다. 창업자들은 따라오지 않는 돈이나 내 그릇의 크기에 넘치는 돈을 벌기 위해 안간힘을 써서는 안된다.

한 달 평균 5 천만 원 이상의 매출을 올리는 이 씨는 십 년째 영덕에서 대게 전문점을 운영하고 있다. 월수입이 상당한데 비해서 그를 만나는 사람들은 이 씨의 검소함에 놀란다. 물론 누구나 돈을 많이 번다고 해서 흥청망청 쓰지는 않는다. 그러나 사십 대 중반인 이 씨가 그 정도의 수입이면 적어도 중형차를 타고 40~50평대 아파트에 사는 것이 일반적인 모습인데, 그는 어떤 창업성공자들 보다도 검소하다. 그래도 사람들은 그에게 상당히 많은 금융재산이 있을 걸로 생각한다. 하지만 그와 한참 이야기를 나누다 보면 사람들은 왜 이 씨가 그렇게 체격에도 맞지 않는 소형차를 타고 33 평짜리 아파트에 사는지를 알게 된다.

그는 매월 버는 수입의 많은 부분을 남을 위해 쓰고 있다. 매월 한 번씩 정기적으로 가족들과 양로원을 찾아가서 노인들께 가게에서 준비해온 영덕 대게로 푸짐한 식사 대접도 하고, 봉사활동도 하면서 시간을 보낸다. 벌써 3년째 그 일을 해오고 있는 이 씨는 자신의 경제적 여유를 희생하여 마음의 여유를 누리고 있는 것이다.

이 씨가 가진 창업자로서의 성공 철학은 "장사꾼은 자기가 벌 수 있는 돈의 그릇이 있으며 그 이상을 벌려고 발버둥치면 결국 차고 넘쳐버린다"는 것이다. 그리고 이 씨는 "나 자신의 그릇은 그다지 크지 못해서 설령 많은 돈을 벌어도 그 돈을 움켜쥐고 있으려면 오히려 그 돈 때문에 불행한 일이 생길 수 있다"고 말했다.

언뜻 이해가 가질 않았다. 남을 돕는 일은 고귀高貴한 일이며, 누구에게나 권장할 만한 일이다. 그러나 돈을 많이 벌어서 남을 돕지 않고 자기 배만 불리면서도 잘 사는 사람들이 세상에는 얼마든지 많은데, 왜 그는 자기 그릇이 작다고 생각하고 더 이상의 돈을 모으려 하지 않는 것일까?

과거에 이 씨는 정말 악착같이 돈을 모았다고 한다. 부자가 되어 경제적인 자유를 누릴 수 있을 때까지 입는 것도 아끼고, 먹고 싶은 것도 먹지 않았다. 그 결과 처음에는 제법 돈을 모았다. 그러나 자기가 가진 것에 너무 집착하다가 결국 그동안 이루어 놓은 모든 것을 잃는 결과를 맞았다고 한다. 이 씨가 너무 쓸 줄은 모르고 돈을 모으려고만 하니 형제들이 멀어지고, 함께 일하던 직원들이 그를 떠났다. 그래도 그는 언젠가 모든 것을 보상받을 날이 있을 거라는 생각을 하고는 더 이를 악물었지만 시간이 지날수록 상황이 악화되어 갔다. 결국 이웃도 떠나고 마지막에는 부인까지 그의 곁을 떠났다고 한다.

그 일을 계기로 이 씨는 자신이 벌 수 있는 타고 난 돈 그릇의 크기보다 많은 돈을 벌게 되면 탈이 나니 사회에 환원하여야 한다는 것을 깨달았다. 그러면서 "모든 창업자가 자기 돈 그릇의 크기를 빨리 깨닫고 그 그릇이 넘쳐나도록 돈을 벌려고 발버둥치지 말라"는 당부를 잊지 않았다.

사람들은 누구나 많은 돈을 벌기를 원한다. 돈을 잘 버는 사람이 제대로 쓸 줄을 몰라서 일어나는 문제들도 많다. 창업으로 성공하고 그 성공에 대한 결실을 주위와 나눌 줄 아는 창업자의 마음은 물질적 성공뿐 아니라 삶, 즉 인생人生 자체의 성공도 이루게 할 것이다.

열 번째,

모호함에 대한 인내력이 강해야 창업에 성공한다

어떤 분야든 탁월한 능력을 가진 사람들은 존재하기 마련이다. 운동선수들은 후천적인 노력도 있지만 선천적으로 운동신경이 보통 사람들에 비해 훨씬 발달했다. 뛰어난 예술가는 남들이 가지지 못한 예술적 재능이나 섬세한 성격을 가지고 있는 경우가 많다.

그렇다면 창업에 성공하는 사람들은 어떤 성격적 공통점을 가지고 있고, 어떻게 그들이 가진 장점을 창업에 활용했을까?

경기도 성남에서 사십 대 후반에 레스토랑을 창업하여 성공한 박 씨는 직원이 200명 정도되는 중견기업의 임원 출신이다. 창업할 당시 그는 회사 내에서 능력도 인정받았고, 급여도 상당히 많은 편이었다고 한다. 그러나 매일 반복되는 일상에 무료함을 느꼈고, 자신이 무슨 일에서든 항상 더 나은 방법을 찾아보는 등 진취적인 성격의 소유자이며, 그런 성격 때문에 창업을 했다고 말한다. 박 씨는 창업에 성공했기 때문이 아니라 직장생활보다는 지금의 삶이 훨씬 낫다고 한다. 그러면서 창업을 생각하는 사람들에게 "안정을 원하면 직장에 있고, 도전을 원하면 창업을 하라"고 조언했다.

창업에 성공한 사람들은 주로 모험심이나 도전정신 특히, 위험을 감수하고자 하는 성향이 보통사람보다 강한 사람들이 많다. 그래서 일상적으로 반복되는 생활보다는 삶의 굴곡屈曲을 즐길 줄 안다. 창업성공자들 중에는 직장을 잃고 생활의 다른 활로를 찾을 수밖에 없던 사람들도 있지만, 남들이 부러워하는 공무원이나 알만한 대기업을 다니다가 그 당시 자신이 누리던 안락한 삶에 안주하지 않고 직장을 뛰쳐나온 사람들도 많다. 그들은 왜 자신들이 누리던 생활의 여유와 안정성을 버리고 창업의 길로 나왔을까?

바로 그들에게서 삶의 의미는 '도전'이기 때문이다. 비록 실패의 위험이 있더라도 미지未知의 세계에 대한 도전으로 내가 주체가 되는 삶을 위해 정진精進하는 정신이 그들을 창업의 길로 이끌었고, 그로 인하여 오늘날 창업에 성공하게 된 것이다.

창업에 성공한 사람들의 또 다른 특징은 '모호함에 대한 인내력Tolerance of Ambiguity', 즉 '명확치 않은 상황에 대해서 참아내는 능력'이 보통 사람들 보다 강하다. 미국에서는 창업자Entrepreneur를 '끝이 보이지 않는 동굴을 걷고 있는 사람'에 비유한다. 앞이 보이지 않는 암흑 속에서 끝이 어딘지도 알 수 없지만 성공이라는 확신을 가지고 나만의 길을 갈 수 있는 인내력을 가진 사람이 진정한 창업자들의 모습이기 때문이다. 그들은 언젠가는 현재의 불확실성이 확실성으로 바뀔 수 있다는 믿음으로 앞으로 나아가며 끊임없이 자기 자신과 싸워낼 수 있는 용기를 가졌다.

서울에서 중고자동차 매매업을 창업하여 성공한 황 씨는 "나는 잘 웃어서 창업에 성공했다"고 말한다. 동네 마음씨 좋은 아저씨 같이 편한 인상의 소유자인 황 씨는 어릴 적부터 그 웃음 때문에 주위 사람들로부터 많은 귀여움을 받았다고 했다. 2000 년까지 자동차 정비소에서 기사로 근무하던 황 씨는 주위의 지인知人들이 "넌 인상이 좋고 잘 웃어서 사람들이 잘 따르니 사람을 상대하는 창업을 해보라"고 권했고, 자동차 정비를 하던 경험을 바탕으로 중고차 매매업을 창업해서 성공했다.

사람들의 말처럼 편안한 인상과 선善한 웃음이 황 씨의 창업성공에 밑거름이 된 것이다. 성공 창업자로서 황 씨의 특징은 너무 가볍고 쉽게 웃는 것은 아니라, 고객을 좋아하고 고객을 위해 항상 웃을 준비가 되어 있다는 점이다. 황 씨는 "요즘같이 어렵고 힘든 시기에 웃을 일이 뭐가 그렇게 많아서 항상 웃느냐?"고 물으면 "웃을 일이 없어도 웃다보면 웃을 일이 생긴다"며 웃는다. 황 씨의 선한 웃음이 고객들로 하여금 신뢰를 갖도록 만들었고, 그를 좋아하는 고객들이 다른 고객을 소개하여 불황 속에서도 창업에 성공했다.

창업자는 모든 것을 자신이 스스로 책임져야 하기 때문에 수많은 어려움을 만나게 된다. 따라서 창업을 하고 나면 오히려 직장에서 급여받던 시절이 그리워질지도 모른다. 그래서 '내가 왜 이렇게 어려운 창업을 시작했을까. 차라리 그만두고 직장에 다시 들어갈까'라는 마음이 드는 날이 수없이 많다. 그럼에도 불구하고 그런 유혹들을 이겨 내고 남들이 쉽게 가지 않는 길을 가고자 하는 용기와 도전정신, 그리고 그 길을 가면서 만나는 어려움들을 견뎌 낼 수 있는 모호함에 대한 강한 인내심이 '성공창업자'들의 공통점이며, 황 씨의 선한 웃음 같이 자신의 성격적 장점을 잘 활용하면 남들보다 더 빨리 창업에 성공할 수 있을 것이다.

열한 번째,

상호商號가 중요하다

사람에게 외형적인 모습만큼이나 이름이 중요하다. 처음 자신을 남들에게 소개하면서 “저는 누구입니다”라고 하면 그 이름이 남들에게 주는 이미지가 첫인상에 많은 작용을 하기 때문이다. 따라서 듣기 좋은 이름이나 느낌이 좋은 이름 또는 기억하기 좋은 이름들이 사회생활에 큰 도움이 된다.

마케팅 분야의 세계 최고 권위자인 미국 노스웨스튼Northwestern 대학의 필립 코틀러Philip Kotler 교수는 좋은 이름에 대한 흥미로운 실험을 한 적이 있다. 이름을 밝히지 않고 아름다운 여성 두 명의 사진을 사람들에게 보여주고 나서 누가 더 예쁜지에 대해 물어 50 : 50의 결과를 도출하고, 나중에 사진 속에 한 여성의 이름은 ‘제니퍼Jennifer’라고 붙이고, 다른 한 사람의 이름은 ‘거트루드Gertrude’라고 해서 다시 다른 실험 대상자들에게 누가 더 아름다운지를 물었을 때, “제니퍼라는 이름의 여성이 더 아름답다"라는 답을 말한 사람이 80%로 거트루드가 더 아름답다고 말한 사람들보다 많았다고 한다. 이처럼 어떤 이름을 가지느냐는 사람의 이미지에 큰 영향을 준다.

사람의 이름처럼 창업자에게는 회사의 '상호'가 가지는 중요성이 무척 크다. 시대를 불문하고 좋은 상호는 사람의 이름처럼 소비자들에게 친숙한 느낌을 주면서 읽기가 쉽고 기억에 오래 남아야 한다.

요즘은 고객들의 기억에 쉽게 남도록 하기 위해 패러디Parody한 상호를 많이 쓴다. 예를 들어, 라면전문점을 '면사무소'라는 상호로 쓰고, 거기에 주인을 면장, 종업원을 이장, 공익요원 등 우스꽝스럽게 표현하여 많은 주목을 받고 있다. 이런 경우 목표고객이 젊은 층일 때 특히 효과가 높다. 닭전문점이 주식 열기에 맞춰 '코스닭'이라는 상호를 사용하는 경우나, 인기 만화 '광수생각'을 패러디한 '광어생각'을 횟집 상호로 사용하는 경우도 이 같은 예에 해당된다.

창업 초기 기업은 지명도가 낮기 때문에 사람들이 회사의 상호를 기억하도록 만드는 데 많은 시간과 돈이 든다. 그래서 시간과 비용을 줄이기 위해서 창업자는 상호의 결정에

신중해야 한다. 또한 상호를 결정한 후에라도 사업장소나 사업의 성격, 내용들을 전달할 목적으로 안내장을 돌릴 때에 있어 그 내용을 담고 있는 하나하나의 어휘에 심혈을 기울여야 할 것이다. 얼핏 스치면서 들은 광고문구가 혹은 상호가 우리의 뇌리에 오랫동안 잊혀 지지 않고 각인되기 때문이다.

인천에서 영어학원을 창업하여 성공한 유 씨는 학원을 시작하면서 상호에 많은 신경을 썼다. 처음 유 씨가 학원을 시작하려고 했을 때는 여느 지역과 마찬가지로 인천에도 많은 학원들이 있었고, 한 달이 멀다하고 주변에 학원이 생겨나고 있었다. 곰곰이 생각하던 그가 타 경쟁 학원들과 차별화를 시킬 수 있는 방법으로 생각해 낸 것이 바로 학생들을 끌 수 있는 학원 이름을 지어야겠다는 것이었으며, 그가 택한 상호는 'ㅇ박사 영어'였다.

학원의 고객은 수강생들이다. 그리고 수강생들이 학원을 결정할 때 가장 많은 영향을 받는 것이 친구나 부모님 등 주위사람들의 권유이다. 학원을 선택하려고 생각하는 수강생들과 그들의 결정에 영향을 미치는 사람들, 특히 수강생들의 부모님들에게 'ㅇ박사'라는 상호는 학원의 경영자가 마치 박사학위를 소지한 사람이라서 다른 학원보다 원장과 강사들의 실력이 월등할 것 같은 지적知的인 느낌을 주었다. 물론 이 같은 상호의 교육 사업을 하시는 분들 중에는 실제로 사업주가 박사인 경우도 있고 아닌 경우도 있지만 말이다.

어쨌든 유 씨의 경우는 'ㅇ박사 영어'라는 학원 상호를 이용하여 학원의 이미지를 높였고 결과적으로 성공했다. 그것은 유 씨만의 독특한 아이디어에서 나타난 결과이자 '상호'를 결정하기 위해 충분히 고심했던 노력의 결과물이며, '상호'의 중요성을 잘 보여준 단적인 예다.

이처럼 창업자가 쏟은 정성과 노력은 반드시 창업성공에 비례한다.

창업자로서 자신의 색깔을 가지고 다른 사람들이 미처 생각지 못했던 좋은 '상호'나, 길게 말하지 않아도 소비자들이 공감할 수 있는 오직 자신만의 독특한 아이디어가 담긴 상호를 만들어 보라. 지금 이 순간에도 세상의 여기저기에는 기상천외한 '상호'들이 쏟아져 나오고 있다. 그들 중에 창업자 자신의 처지에서 무엇이 가장 내 사업을 가장 잘 표현하는지를 찾는다면 틀림없이 성공창업에 한발 다가갈 수 있을 것이다.

열두 번째,

당연한 것만 지켜도 성공할 수 있다

사람들이 어디를 가든지 "너무 불친절하다"는 말을 많이 한다. 정말 그렇다! 불친절한 곳이 워낙 많다보니 당연히 친절해야 하는 곳에서조차 친절하다고 칭찬을 받는 세상이 되어버렸다.

이런 불친절로 인해서 과거에 권력기관 사람들의 권위적인 자세 때문에 느끼던 민간인들의 불편함을 창업자에게서 고객들이 느낀다면 어떨까?

'친절親切'이란 자기 자신을 낮추고 상대방에게 예의를 표하는 것이다. 고객을 맞이하는 사람이 주인이든 종업원이든 그들은 항상 고객들보다는 자신을 낮추어야 한다. 그것이 '서비스 정신'이며 친절의 가장 기본이 된다.

고객에게 창업자는 선택받을 수밖에 없는 존재이며, 많은 가게들 중에서 어떤 고객이 내 집을 선택해 주었다면 고마운 일이 아닐 수 없다. 그래서 그런 고마운 사람들에게 친절한 것은 너무나도 당연한 일이다. 거기다가 고객들은 자신이 지불한 돈에 대한 대가代價를 받을 권리가 있고, 창업자는 그들에게 그것을 지급해야 할 의무가 있다. 그것이 '장사의 법칙'이자, '시장의 원리'이다.

요즘은 어떤 아이템이든 돈이 된다고 하면 여지없이 많은 창업자들이 생겨난다. 따라서 고객들의 입장에서는 그만큼 선택할 수 있는 범위가 넓어진 것이다. 그들은 창업자가 제공하는 유형有形의 가치에 특별한 차이가 없다면 무형無形의 가치, 즉 친절한 곳으로 찾아가기 마련이다.

일반 커피숍에서 2~3천 원 하는 커피를 호텔 커피숍에서 마시면 7~8천 원 하고 심지어 만 원 이상 하는 곳도 있다. 호텔 커피숍의 커피 맛이 특별할 리는 없다. 하지만 확연히 차이가 나는 것은 바로 '친절'이다.

일반 커피숍에서는 커피만을 팔지만 호텔 커피숍에서는 커피와 친절한 서비스를 함께 판다. 그래서 호텔 커피숍에서 커피를 마시고 나면 가격이 비싸도 돈이 아깝다는 생각이 들지 않는 이유가 바로, 잠시나마 고객인 나를 최고로 대우해주는 직원들의 서비스 정신 때문이 아닌가 싶다. 만약 일반 커피숍에서 커피와 더불어 호텔 수준의 친절함을 고객들에게 제공한다면 그곳은 성공할 수밖에 없다.

물론 창업자들에게도 할 말은 있다. 많은 경우 실제로 고객을 맞이하는 것은 주인이 아니라 종업원들이다. 사실 종업원들은 자기 장사도 아닌데 매번 일상적으로 반복되는 똑같은 일에 늘 미소지으며 고객을 맞이하기가 어려울 수도 있다. 하지만 주인도 종업원도 남의 집에 가면 역시 손님으로 똑같은 대우를 받을 수 있다는 점을 명심해야 한다.

내가 싫은 것은 남도 싫은 법이다. 창업자는 고객들이 어떤 대우를 받고 싶어 하는지를 고객의 입장이 되어보면 쉽게 안다. 성공하는 창업자는 고객들에게 지불해야 하는 당연한 친절을 당연하게 여길 줄 아는 사람들이다.

필자가 만난 모든 성공창업자와 창업전문가들이 '친절한 서비스'가 창업성공의 '충분조건'은 아닐지언정 적어도 '필요조건'이라는 점에서는 의견을 같이한다.

영국 속담에 '친절이란 자신에게 베푸는 자비慈悲'라고 했다. 친절은 남을 위해서도 베풀지만 자기 자신을 위해서도 베풀어야 하는 것이다. 적어도 친절을 베푼 사람은 그 친절을 받은 사람보다 더 큰 행복감을 느낄 수 있다.

현재 우리나라의 소상공인으로 분류되는 소자본 창업자의 수는 약 270만 명 정도가 된다. 그들 중 많은 사람들이 "창업에 성공하기가 너무 어렵다"고 말한다. 하지만 외부적인 환경을 탓하기 전에 창업자로서 자신이 지켜야 할 당연한 도리를 지키고 있는지 돌아봐야 할 것이다.

열세 번째,

무無에서 유有를 창조하려고 하지 말라

사회의 각 분야에는 전문가들이 있다. 그들은 오랜 기간 동안 피나는 노력으로 최고의 자리에 올랐을 것이기 때문에 지식도 경험도 풍부하다. 그래서 앞에서도 언급된 것처럼 우리가 무엇인가를 처음 시작할 때 시행착오를 줄이는 좋은 방법 중 하나가 그 분야 전문가들의 도움을 받는 것이다. 창업을 하려는 사람들 역시 창업전문가로부터 여러 가지 노하우를 배우는 것이 성공하는 지름길이다.

그럼 '창업의 최고 전문가'는 누구일까? 많은 경우 전문가를 생각할 때 가장 먼저 떠오르는 사람들이 그 분야를 연구하고 가르치는 대학의 '교수教授'들이다. 그들은 오랜 기간 동안 자기의 전공 분야를 공부하여 이론적인 틀을 만들고 체계화시켜 학생들에게 교육시킨다. 그 과정을 위해서 수많은 시간동안 연구에 연구를 거듭한다. 하지만 창업은 학문이라기보다는 실무實務이자 실전實戰이다. 대학교수가 전문가라는 사실을 부정하는 것은 아니지만, 창업자들이 실제로 창업을 했을 때 이론만으로는 해결되지 않는 부분이 너무 많다.

그런 면에서 본다면 창업을 직접해본 경험자들도 전문가라 할 수 있다. 창업을 시작해서 많은 우여곡절 끝에 결국 성공한 사람들은 자기가 경험한 창업의 전 과정에 대한 노하우들을 알고 있다. 또한 비록 실패를 했더라도 많은 관련 지식과 정보를 습득하게 된다. 그렇지만 그들의 단점은 이론이 부족할 뿐만 아니라 지식과 경험이 자기가 창업한 분야에만 한정된다는 것이다.

그럼 과연 이론과 실전을 모두 겸비한 전문가는 누구인가? 아마도 창업을 컨설팅해주는 '컨설턴트'들이 많은 지식을 가지고 있고, 실제 컨설팅 과정에서 창업을 직간접적으로 여러 번 경험한 사람들이라 할 수 있다. 물론 컨설턴트들 역시 개인별 수준차이가 있고, 그들이 가지는 한계도 존재한다. 그러나 컨설턴트를 최고의 창업전문가 집단의 범주에 넣는 데는 누구도 이견異見이 없을 것이다.

그렇다면 창업컨설턴트가 말하는 '성공창업의 비결'은 무엇일까?

서울에서 창업경영컨설팅 회사를 9년째 운영중인 이 씨는 명문대학과 대학원에서 경영학을 공부했다. 컨설팅 사업을 하기 전에는 대기업을 10년 정도 다닌 경험이 있고, 컨설팅업을 하면서 200명이 넘는 사람들의 창업을 도와주었으며, 그들 중 성공적인 창업자가 60% 이상이라고 한다. 현재도 컨설팅 업무와 대학과 창업 관련 기관에서 예비창업자들을 위한 강의를 하고 있다. 이만하면 창업에 관한한 최고 수준의 전문가다.

성공한 창업자로서 그리고 컨설턴트로서 이 씨가 말하는 창업성공의 비결은 "무無에서 유有를 창조하려고 하지 말라"는 것이다.

지금까지 이 씨가 도와서 성공한 창업의 대부분은 전혀 없던 아이템을 우리나라에 처음 들여와 시작한 사람들이 아니라, 현재 다른 사람이 하고 있는 아이템에 차별화된 방식의 운영을 한 사람들이라고 한다. 즉, 창업에 성공하기 위해서는 아무도 하지 않은 새로운 것을 하려고 하지 말고 남들이 이미 하고 있는 일을 같이 창업하더라도 더 나은 방법으로 경영을 하라고 조언한다.

예를 들어, 세탁업에 관련된 창업을 하려 한다면 세탁이 획기적으로 잘 되는 세탁기나 세재를 개발하려고 하는 것이 아니라, 이미 남들이 다 하고 있는 세탁소를 인수해서라도 좀 더 나은 서비스와 마케팅을 하는 것이 훨씬 더 성공하기 쉽다는 것이다. 특히 소자본 창업자들에게는 더욱 그렇다.

많은 사람들이 창업을 하려고 생각하면 뭔가 특별한 것이나 기존에 전혀 없던 새로운 것을 생각 하고 남들이 하지 않는 독특한 아이템으로 대박을 꿈꾼다.

기존에 없던 것, 무無에서 나만이 할 수 있고 나를 통해 유有를 창조하는 창업을 한다면 얼마나 좋을까! 그러나 실제로 창업에 성공한 사람들 중 '무에서 유를 창조'하듯 전혀 새로운 아이템으로 성공한 사람들은 극히 드물다. 성공창업은 '창조創造'하는 것이 아니라 '혁신革新'하는 것이라는 것을 창업 초보자들은 기억해야 한다.

열네 번째,

실패 없는 성공 없다

우리가 사회 각 분야에서 성공한 사람들을 볼 때 그들의 성공을 부러워만 하고 성공하기까지 그들이 겪은 고초나 노력에 대해서는 가슴 깊이 와 닿지 않는 경우가 많다. 창업 성공자들에 대해서도 마찬가지다. 실제로 그들에게 성공하기까지의 과정에 대한 이야기를 듣다보면 '시련 없는 성공이 없구나' 라는 생각이 든다.

창업에 성공한 사람들 중에는 몇 년 동안, 심지어 몇 십 년 동안을 한 우물만 파서 성공한 사람도 있고, 여러 가지 일을 하다가 결국 성공한 사람도 있다. 그러나 분명한 것은 그들 대부분이 현재의 성공에 이르기까지 넉넉한 자금을 가지고 창업하여 첫 번째 창업에서 바로 성공한 경우는 거의 없다는 것이다. 그런 탓에 이미 창업에 성공한 사람들이 지금껏 최선을 다해서 성공했고, 이제는 좀 쉬면서 사업 관리만 해도 충분할 터인데 그렇게 하는 사람들은 의외로 많지가 않다. 성공한 후에도 열심히 일하는 것이다. 왜냐하면 창업에 성공하기까지 많은 고생을 하며 순탄치 않은 길을 걸어왔으므로 자기가 겪은 '춥고 배고픈 시절'을 쉽게 잊지 못하기 때문이다. 그나마 그렇게 해서라도 성공한 사람들은 낫다. 그동안의 노력에 대한 보상이라도 받을 수 있으니 말이다. 죽을 고생을 하고서도 성공하는 사람보다 실패하는 사람들의 숫자가 훨씬 더 많은 것이 창업의 현실이다.

필자가 만난 창업성공자 56 명 중에 창업해서 성공하기까지 얼마나 많은 실패를 경험했는가를 조사해보았더니 평균적으로 한 사람이 2.7 번의 실패를 한 것으로 나타났다. 보통 창업 두세 번 정도 만에 성공한 사람들이 많았다. 그들 중 가장 많은 실패를 경험한 사람은 여덟 번째 창업에서 성공했고, 첫 창업에서 성공한 사람은 네 명으로 전체 중 10%가 채 안되는 숫자였다.

부산에서 베트남국수 전문점을 하는 최 씨는 현재 연간 매출액 6 억 원을 이루기까지 여섯 번의 실패를 경험했다고 한다. 삼십 대 초반에 직장을 나와서 사십 대 중반에 창업을 성공하기까지 십 수년 동안 그의 인생여정은 멀고도 험했다. 성공에 대한 열망이나 노력이 남들보다 부족한 것은 아니었다. 꿈을 가지고 시작한 치킨 전문점을 실패했고, 작은 아파트를 담보로 대출해서 시작한 해장국집도 실패한 후에는 시장 좌판에서 잡화雜貨를 팔기도 했고, 새벽에 지방산지地方產地로부터 생선을 받아서 차를 몰고 서울 노량진 수산시장으로 하루 15시간씩 운전을 하기도 했으나 역시 실패했다. 보험설계사를 잠깐 하기도 했으며 대리운전도 하다가 마지막에는 처갓집에 가서 장인·장모께 거짓말을 해가면서 창업자금을 마련해 오늘날 성공하기까지의 과정동안 그는 절망의 순간을 수도 없이 경험했다고 한다.

이제는 힘든 시기동안 그를 묵묵히 뒷바라지 하며 믿어준 분들에게 보답하는 마음으로 주위의 어려운 사람들을 위해서 봉사활동을 2년째 하고 있다는 최 씨가 창업을 준비하는 사람들에게 "한 번에 누구나 다 창업에 성공할 수 있으면 누가 스트레스 받아가며 직장엘 다닙니까? 몇 번 실패해야 제대로 성공할 수 있습니다."라고 뼈있는 당부의 말을 했다.

광주에서 세차장 사업으로 창업하여 성공을 거둔 박 씨 역시 창업 다섯 번 만에 성공을 거두었다고 한다. '이번이 정말 마지막이다' 라는 마음으로 세차장을 시작하여 이제는 인근에 세차장을 세 개나 소유한 중견 사업가로 변신할 때까지 그가 겪은 고초를 박 씨는 자신이 '지옥엘 여러 번 다녀온 사람'이라는 표현으로 대신했다. 계속되는 창업실패로 집에 가압류 딱지가 붙은 적도 있었고, 빚쟁이들에게 쫓겨 도망다닌 적도 있었지만, "돈이 없어서 중학교 다니던 딸이 수학여행을 갈 경비를 내지 못했을 때가 가장 가슴 아프고 미안했다" 고 말하는 박 씨는 죽을 결심까지 여러 번 했었다고 한다. 그래서 박 씨는 지금 창업을 준비하는 사람들에게 "어차피 한 번은 실패한다고 생각하고 처음에는 너무 무리하게 자본을 투자해서 창업하지 말라"고 조언했다.

실패를 경험하지 않고 성공하는 사람들은 많지 않다. 이 세상에 죽을 각오로 무엇인가를 해서 안 될 것이 있을까!

혹시 지금 이 순간 창업에 실패해서 좌절하고 있다면 기억하라! 소자본으로 창업에 성공한 사람들이 그 성공을 이루기까지 평균 2.7 번의 실패를 경험했다. 창업에 한 번 실패를 했다면 이제 성공하기까지 1.7 번 남았다. 그리고 두 번째 실패를 했다면 이제 0.7 번, 거의 한 번만 더 실패를 한다면 창업성공의 문 앞에 와 있다고 생각하면 된다.

열다섯 번째,

'화목한 가정'이 창업성공으로 이끈다

모든 일에 가장 기본이면서 공통적으로 적용되는 것이지만 우리가 너무 대수롭지 않게 생각하는 부분이 있다. 바로 '화목한 가정'이다. 가정이 화목해야 바깥일도 잘된다는 것은 누구나 잘 알고 있고, 성공한 창업자들의 경우도 여기서 예외가 아니다.

지금은 서울 종로에서 한식집을 창업하여 성공한 조 씨는 한때 잘나가는 금융인이었다. 지방 국립대학교를 과科 수석으로 졸업했고, 훤칠한 키와 뛰어난 화술, 거기다 유머감각까지 갖추고 있어 같은 남자들이 봐도 상당히 호감이 가는 사람이다.

대학 졸업 후 은행에서 기업대출심사 업무를 담당하던 조 씨는 어디서나 분위기를 이끌었다. 그의 뛰어난 용모와 사교적인 성격은 많은 사람들에게 호감을 주었으며, 직장 내에서 그는 최고의 인기 남으로 뽑혔다. 물론 미혼의 여사원들에게는 선망의 대상이었다고 한다.

그러나 제 아무리 능력이 탁월한 사람이라고 하더라도 한꺼번에 두 마리의 토기를 다 잡을 수는 없는 법이다. 자신의 타고난 장점을 일에 바치고 긍정적으로 사용했더라면 좀 더 빠르게 성공의 목표점에 도달했을지도 모른다.

현재는 1남 1녀의 화목한 가정을 이루고 있는 조 씨가 그동안의 세월을 회고하며 말하는 자신의 창업성공 비결로 꼽는 첫째는 '화목한 가정'이다. 총각 시절부터 끊임없이 여러 여자들과 교제를 해오던 조 씨는 결혼 후에도 자신에게 다가오는 여자들의 숫자가 항상 한 손으로 다 셀 수 없을 정도였다고 한다. 그리고 그들에게 받는 유혹의 재미에 '기혼旣婚'이라는 사실도 숨겼다. 아니 굳이 말할 필요를 느끼지 않았다. 그러던 중 그가 처자식이 있는 유부남이라는 사실을 알게 된 한 여성이 조 씨의 직장상사에게 그의 그동안 행태를 제보하게 되었다.

남자라면 한번쯤 아름다운 여성을 보면 자신이 처해진 불리한 상황을 숨기고픈 충동을 느낄 수도 있다. 물론 그렇지 않는 사람도 있겠지만 말이다. 그런데 조 씨의 경우는 그의 직장이 신뢰성을 최고로 하는 금융기관이었으며, 자신의 행위가 직장생활에 타격을 줄 만큼 심각성이 컸다. 결국 직장 상사에게 제보를 할 정도로 타인의 마음에 상처를 남겼다는 것이 피할 수 없는 결과를 초래했다. 그 일로 조 씨는 다니던 직장을 그만둘 수밖에 없었다.

불미스러운 일로 직장을 그만두었지만 그나마 다행히도 그가 소위 엘리트들이 다니는 금융기관 출신이다 보니 다른 직장을 잡는 것은 어려운 일이 아니었다고 한다. 그래서 제2금융권으로 자리를 옮겨 새롭게 시작했다. 그러나 이직移職을 한지 얼마 되지 않아서 똑같은 일이 반복되었고, 직장동료들 사이에 불성실한 사람으로 낙인이 되었으며, 가족들에게는 그나마 남았던 신뢰감도 모두 잃고 말았다. 마침내 두 번째 직장도 잃었고 가정도 부인과의 이혼 이야기가 오갈정도로 위태로워졌다고 한다.

하기야 부인의 입장에서 본다면 단한번의 실수로도 덮어두기 힘든 문제를 여러 번 반복한 남편에 대한 당연한 처사

였을 것이다.

그렇다고 누구를 원망할 것도 없었다. 그렇게 조 씨는 빈 껍데기 같은 허송세월을 7년이나 보내버렸다.

조 씨는 주변 사람들이 그로부터 하나둘씩 등을 돌릴 즈음 가정의 소중함을 깨달았다. 가장 먼저 불안하게 옮겨 다녔던 직장을 그만두었다. 그리고 더 과감하게 그동안 자신을 어지럽혔던 주변을 깨끗하게 정리해 나가기 시작했다. 이제 남은 시간은 그동안 소홀했던 가족들을 위해 또 자신을 위해 일관된 사람이 되고자 각오를 새롭게 했던 것이다. 조 씨는 새롭게 시작하는 마음으로 창업을 준비했다. 처음에 시작한 것은 당시 유망 창업아이템으로 언론 등에 소개된 '출장세차업'이었고, 조 씨는 충분한 시장조사와 고객들의 선호도나 가격문제 등을 정확하게 파악하지 못한 탓에 실패를 했다. 끝까지 참고 견디어내는 것이 능사가 아니란 것을 깨닫고 거의 일 년간의 고전 끝에 사업을 접었다. 그렇게 그는 새로운 인생을 시작하려 했지만 결코 쉽지 않았다. 여러 번의 우회로를 돌면서 그동안 깨닫지 못했던 많은 것들을 직접 경험하고 아파했다.

두 번째 창업아이템을 결정하고자 할 때 전라도가 고향으로 평소에 음식 솜씨가 뛰어난 아내가 적극 나섰다. 금융권의 대출로 자금을 마련하고 한정식집을 시작했다. 창업을 준비하던 6개월의 기간 동안 조 씨는 결혼 후 처음으로 가정을 위해 최선을 다했다고 한다. 그 당시가 지금까지 자신이 살면서 가장 많은 시간을 가족을 위해서 보냈다고 했다.

현재 조 씨는 성공한 창업자로 인정받고 있으며, 그동안 잃어버렸던 주위 사람들의 신뢰도 되찾았다. 조 씨는 그의 창업성공 이야기를 들려주면서 그간의 미안함을 대신하듯 부인과 함께 했다. 얼마 전에는 인근의 대학에서 학생들을 대상으로 '창업성공특강'을 하기도 했다고 한다. 그 자리에도 부인과 함께 했으며, 오늘날 이 자리에 자신이 서기까지는 모든 것이 가족들의 덕분이며 부인을 자기 인생의 '복福덩이'라고 말한다. 동시에 이제 창업을 준비하는 사람들에게 꼭 하고 싶은 말이 '가정이 화목해야 창업도 성공한다'는 것이었다.

옛날 중국에서는 창업創業이라는 말이 '나라를 세운다'는 의미였다고 한다. 개인에게 창업이란 나라를 세우는 것만큼이나 중요한 일이다. 사회적 성공의 모든 출발점은 '가정'이며 결국 원만한 가정에서 창업성공이 있을 수 있고, 가정의 행복을 희생하는 성공은 의미가 없다는 점을 명심해야 한다.

04

글을 맺으면서

지금까지 창업성공자들이나 전문가들이 말하는 성공의 노하우들을 들어보았다. 받아들이는 사람들의 입장에 따라서는 신선한 내용들이었을 수도 있고 누구나 다 아는 진부한 이야기들이었을 수도 있지만, 적어도 그들의 창업성공 방법들이 기존에 우리가 전혀 알지 못했던 새로운 지식이나 특별한 기법들이 아니라, 누구나 알 수 있고 어떤 경우에도 실천이 가능한 일반적인 사실들이라는 것이다. 그럼에도 불구하고 승자와 패자, 성공하는 사람과 실패하는 사람의 차이는 바로 '이 작고 평범한 진리들을 실천하느냐 하지 못하느냐'에 달려 있다.

19 년 동안 3,000 번 이상의 강연과 자신의 체험을 토대로 쓴 책으로 세계적인 베스트셀러 작가가 된 지그 지글러Zig Ziglar의 저서 '성공의 법칙'에서는 "인생의 성공을 가져다주는

단어는 오직 세 글자로 되어 있다"고 했다. 그것은 바로 영어에서 가장 강력한 힘을 가진 단어 'can'이다.

우리는 살면서 어떤 목표를 달성하기 위한 자신감을 가지도록 'I can'의 과정을 배워 왔다. 그런데 아이러니컬하게도 'can' 뒤에 't'를 붙이게 되면 성공은 실패로 바뀐다. 창업에서 성공과 실패를 가르는 것도 바로 can 뒤에 붙는 아주 작은 't' 하나같은 것이다.

많은 창업에 성공한 사람들을 만나면서 그들의 성공이 부러웠던 적도 있었고, 기발한 아이디어와 피나는 노력에 놀라고 감동한 경우도 있었다. 성공했지만 각자의 방법들이 다르고 살아가는 방식 또한 달랐다. 그러나 그들 모두가 우리들에게 전하는 공통적인 메시지는 하나였다. '창업은 철저히 준비하고 고객을 위해 최선을 다하면 반드시 성공할 수 있다'는 확신이었다.

우리는 누구나 내일을 장담할 수 없는 불안한 미래를 살고 있다. 직장도 사회도 내 삶을 책임져주지 않는다. 그래서 창업은 현재 삶의 대안對案이자 거부할 수 없는 시대적 흐름이다. 우리들 누구나가 잠재적 예비창업자들인 셈이다. 우리가 언젠가 창업을 해야만 한다면 이미 창업을 해서 성공한 사람들의 경험담과 조언을 귀담아 들을 줄 알아야 한다. 왜냐하면 그것이 성공할 수 있는 최고는 아니지만 최선의 방법들 중 하나임은 틀림이 없고, 창업의 성공이 단순히 운에만 달려 있는 것이 아니라는 것을 그들이 증명해 주고 있기 때문이다.

창업을 준비하시는 모든 분들의 성공을 빈다!

성공하는 창업의 기술

1판 1쇄 발행 2007년 11월 25일

저 자 | 신 세 룡
발행인 | 남 승 우

발행처 | 남두도서
주 소 | 서울특별시 동작구 사당3동 220-43
전 화 | 02) 595-1692~4
팩 스 | 02) 595-1394
메 일 | namdoo6@unitel.co.kr
신 고 | 5-76호 (1998. 11. 4)

ISBN 978-89-5780-054-6 03320

값 10,000원